SJÆLLAND
Große Belt-Brücke
Sprogø
GROSSER BELT
Lohals
Daggeløkke
Spodsbjerg
SMÅLANDSFARVANDET
Vejrø
Fejø
Femø
Onsevig
Urne
Kragenæs
Guldborgsund
Askø
LANGELANDS BELT
Tårs
Nakskov
Fjord
Blans
Albuen
Nakskov
Bandholm
Langø
Sakskøbing
Nykøbing
FALSTER
LOLLAND
Kalvø
Kramnitse
Stubberup
Nysted
Rodby Havn
FEHMARNBELT
Gedser

DELIUS KLASING

Bernt Hoffmann/Harald Schwarzlose

DÄNISCHE SÜDSEE

KÜSTEN AUS DER LUFT

Delius Klasing Verlag

Umschlagfoto: Lohals auf Langeland (vorn),
Genner Fjord mit Hafen Kalvø (hinten links),
Buchten am Als Fjord (rechts oben) und
Insel Kegnæs (rechts unten).

Die Deutsche Bibliothek – CIP-Einheitsaufnahme

Dänische Südsee – Küsten aus der Luft /
Bernt Hoffmann / Harald Schwarzlose.
1. Auflage – Bielefeld: Delius Klasing, 2000
ISBN 3-7688-1178-6

1. Auflage
ISBN 3-7688-1178-6

Fotos: Bernt Hoffmann
Text: Harald Schwarzlose
Karten: Karin Buschhorn
Schutzumschlaggestaltung: Ekkehard Schonart
Druck: Kunst- und Werbedruck, Bad Oeynhausen
Printed in Germany 2000

Delius Klasing Verlag,
Siekerwall 21, D-33602 Bielefeld
Tel.: 0521/559-0, Fax: 0521/559-113
e-mail: info@delius-klasing.de
http://www.delius-klasing.de

INHALT

VORWORT

Es mag ein wenig profan klingen, die südlichen Inseln Dänemarks mit den pittoresken Eilanden des pazifischen Ozeans zumindest verbal gleichzustellen. Und doch hat sich der Begriff „Dänische Südsee“ nicht ohne Grund vor allem bei den Wassersportlern durchgesetzt. Denn nur vom Wasser aus erschließt sich dem Besucher dieses einmalige Revier mit seinen mehr als 60 Inseln in seiner ganzen Schönheit.

Wer jemals mit dem Boot an einem warmen Hochsommertag bei leichter Brise eine dänische Insel in der südlichen Ostsee angesteuert hat, die, von der Luftspiegelung erhöht, über dem Meer zu schweben scheint, langsam feste Konturen annimmt und bald im diffusen Licht vereinzelte Gehölze auf grünen Hügeln, eingefasst von weißen Sandstränden, erkennen lässt, wird sich kaum des Eindrucks erwehren können, tatsächlich in südliche Gefilde geraten zu sein. Der hellblaue Himmel reproduziert sich hier in einem tiefblauen Meer, Rapsfelder leuchten in kräftigem Gelb, und lehmfarbene Kliffs ziehen die natürliche Grenze zwischen Land und Meer.

Wer sich auskennt im Insel- und Fjordlabyrinth, wird die kleinen Fischerhäfen zu finden wissen, die abseits vom großen Boots- und Chartertourismus immer noch die Beschaulichkeit der 50er-Jahre atmen, fernab vom Marinagepräge und seinem elektrifizierten Liegeplatz-Luxus oder dem Gedränge des Päckchen-Liegens vor schmutzigen Kaimauern. An diesen Häfen scheint die Hektik unserer Zeit fast spurlos vorübergegangen zu sein. Immer noch sitzen einheimische und – nunmehr – Hobbyfischer auf der Bank vor der Hafenmeisterei, die obligatorische Bierflasche in den Händen, und diskutieren mit verhaltenem Temperament über die aktuellen Ereignisse. Die Süddänen spiegeln die Ruhe des Insellebens wider, lassen sich nicht anstecken von der Betriebsamkeit ankommender Feriengäste und sind stets zu kleinen Späßchen aufgelegt. Würden sie nicht Dänisch sprechen, könnte man das sprichwörtliche „mañana“ heraushören, das in spanischen Häfen so oft gebraucht wird, wenn es um die schnelle Erledigung gewisser Probleme geht. Morgen ist auch noch ein Tag!

Klimatisch haben die Süddänen ihren mehr nördlich lebenden Landsleuten einiges voraus. Die Lage des Kerngebietes „Dänische Südsee“, das von den größeren Inseln Fünen, Alsen, Ærø und Langeland schützend eingefasst wird, schafft ein Mikroklima mit milden Temperaturen im Winter und häufigen sonnigen Wochen in den Sommermonaten. Nicht selten bildet sich über der westlichen Ostsee ein Zwischenhoch aus, das auch den Kleinen Belt beeinflusst und wolkenreiches Wetter über Jütland zurückhält.

Als Folge findet man auf einigen Inseln Feigenbäume mit reifenden Früchten und andere exotische Bäume, die hier munter gedeihen.

Kulinarisch kann man sich in Süddänemark durchaus verwöhnen lassen, wenn man gewillt ist, etwas mehr Geld zu investieren. Es gibt mehrere Gourmet-Restaurants mit gehobener Küche auf den Inseln, während das Essen in einem der zahlreichen Hafenkros überwiegend schlicht ist. Leider wird das mit Recht so berühmte Smørregastbrød, eine in mehreren Etagen aufgetürmte Zusammenstellung der leckersten warmen und kalten Fleisch- und Fischspeisen, kaum noch serviert. Dafür gibt es saftige Steaks von heimischen Rindern – und natürlich frischen Fisch aus eigenem Fang. Wer keinen in der Eisenpfanne gebratenen und mit viel Zitrone servierten Aal gegessen hat, war nicht in der „Dänischen Südsee“ zu Gast.

Navigatorisch ist das Revier für Freizeitkapitäne überaus reizvoll, gilt es doch, sich im Gewirr der Inseln mit Seekarte, Peilkompass und Echolot zurechtzufinden. Zahlreiche Untiefen und Sände müssen umschifft, schmale Fahrwasser passiert werden. Den schnellen, die Inseln verbindenden Fährschiffen sollte besondere Aufmerksamkeit zuteil werden, denn sie können häufig nicht von ihren mit Baken, Priggen und Tonnen gekennzeichneten Routen abweichen.

Dabei stellt das Revier keine übermäßigen Anforderungen an das navigatorische Können des Skippers. Fast alle Ziele liegen in Sichtnähe, und ein GPS-Navigator ist nicht unbedingt erforderlich. Wer einen guten Kompass an Bord hat, das Kurslineal und den Kartenzirkel zu nutzen weiß, wird stets sein Ziel finden.

Aufgrund der geschützten Lage und der kurzen Distanzen ist die „Dänische Südsee“ auch ein ideales Revier für kleinere Segel- und Motoryachten. Immer mehr Skipper reisen mit Boot, Trailer und Auto an, um von den deutschen oder näheren dänischen Häfen zum Urlaubstörn zu starten. Vorsicht ist beim Queren der westlichen Ostsee zwischen den deutschen Ausgangshäfen und den dänischen Inseln Ærø, Langeland und Lolland geboten. Bei den vorherrschenden Westwinden mag es noch problemlos über die großen Breiten gehen, doch auf dem Rückweg haben steife Winde und hoher Seegang vor den dänischen Küsten schon manchen Skipper zur Verzweiflung gebracht. Da ist es besser, in den Kleinen Belt auszuweichen, wo man mit Landschutz durch Jütland viel leichter zu seinem Ausgangshafen zurückkehren kann.

Bei der Törnplanung und Auswahl geeigneter Inseln und Häfen werden die Luftfotos auf den folgenden Seiten eine gute Hilfe sein. Sie sollten gar nicht für die Navigation oder Ansteuerung benutzt werden, können aber einen guten Eindruck von den Hafenanlagen und der Umgebung vermitteln.

FLENSBURGER FÖRDE RUND ALSEN

START IN DIE SÜDSEE

REVIER DER SUNDE UND FJORDE

Für Törns in die „Dänische Südsee" ist die Flensburger Förde der beste Ausgangspunkt.

Sie ist bereits ein kleines Urlaubsrevier für sich, und manche Familiencrew hat hier die schönsten Segelwochen des Jahres verbracht. Man kann Ruhe und Erholung in dänischen Häfen und reges Badeleben in deutschen Kurorten dicht beieinander auskosten, denn die Grenze verläuft mitten durch die Förde.

So malerisch dieser bei Sonderburg 9 Seemeilen breite und insgesamt 20 Seemeilen lange Fjord auch ist – bei starken westlichen Winden kann er den Eignern kleinerer Boote einiges abverlangen. Dann baut sich ein hoher, kurzer Seegang auf, der besonders im Fördeausgang mit seinen Untiefen berüchtigt ist. Bei schlechtem Wetter ist man folglich gut beraten, im Schutz der bewaldeten Höhenzüge in einer der zahlreichen Buchten vor Anker oder in einer modernen Marina auf bessere Bedingungen zu warten.

Hat man erst einmal die große Breite im Ausgang der Flensburger Förde erreicht, so sind es nur noch wenige Meilen bis zum modernen Yachthafen von Sonderburg, Dänemarks attraktivster Grenzstadt. Die Marina liegt etwa 10 Gehminuten vor der Stadt und wird in den Sommermonaten stets stark frequentiert. Ausweichplätze gibt es im alten Fähr- und Fischereihafen von Sonderburg vor der Klappbrücke, und seitdem der Butterdampfer-Verkehr aufgrund der neuen EG-Zollbestimmungen zum Erliegen gekommen ist, kann man hier auch wieder mit einigermaßen ruhigen Bedingungen festmachen.

In Sonderburg sollte man sich ein paar Tage Zeit gönnen, denn es gibt einiges zu entdecken, abgesehen von den guten Einkaufsmöglichkeiten und einem größeren Restaurant-Angebot. Ein Spaziergang zu den etwa vier Kilometer entfernten Düppeler Schanzen, bei denen sich 1864 Preußen und Dänen gegenüberstanden, ist ebenso angeraten wie ein Besuch des Schloss-Museums direkt am Hafen, das Waffen und Ausrüstung dieses Krieges sowie sehenswerte heimatkundliche Exponate zeigt.

Von Sonderburg aus kann man entweder nördlich in den geschützten Als Sund und weiter in den Kleinen Belt fahren oder die nur drei Seemeilen südlich gelegene Bucht von Høruphav erkunden. Viele Wassersportler fahren an diesem Kleinod achtlos vorüber und wissen nicht, dass der Hafen von Høruphav mit seiner malerischen Umgebung zu den schönsten in der

Die Häfen von Flensburg *(vorhergehende Doppelseite) sind idealer Ausgangspunkt für Törns in die „Dänische Südsee". Der Stadthafen (rechts im Bild) bietet Gastliegeplätze in der Nähe der Altstadt.*

„Dänischen Südsee" zählt. Die Marina liegt geschützt hinter einer Landzunge, die Wind und Seegang aus westlichen Richtungen abhält. Direkt an den Hafen schließt sich ein großes Naturschutzgebiet an, dessen verschilfter Binnensee zahlreichen Wasservögeln Schutz und Rast bietet. Von einer Beobachtungsplattform aus lassen sich die Tiere gut mit dem Fernglas beobachten. Dichte Wälder laden zu ausgedehnten Spaziergängen ein, und das idyllische ehemalige Fischerdorf bietet mit seinen reetgedeckten Katen und liebevoll gepflegten Blumengärten lohnende Fotomotive. In einem großen Supermarkt kann man sich für den weiteren Törn in die „Dänische Südsee" verproviantieren.

Von Høruphav aus segeln wir bei schönem Wetter in südöstlicher Richtung um die Südspitze Alsens herum, vorbei an den wuchtigen Leuchttürmen von Kegnæs und Gammel Pøl. Unser nächstes Ziel Mommark ist ein Fähr-

__Der Stadthafen__ (oben) wird aufgrund seiner zentralen Lage gern besucht. In der Marina der Firma Flensburger Yachtservice (unten links) finden auch Gastyachten geschützte Liegeplätze sowie allen Service.
Die Steganlage des Vereins Segelsport Flensburg bei Wassersleben (unten rechts) zieht Naturliebhaber an.

Das Nor von Schusterkate
direkt an der deutsch-dänischen Grenze (ganz oben) beherbergt nur Kleinboote.
Die dänischen Ochseninseln
(oben und rechts unten) sind ein beliebter Ansteuerungspunkt dänischer und deutscher Wassersportler. Zwischen der größeren, bewohnten Insel Store Okseø und der kleineren, nicht zu betretenden Lille Okseø gibt es geschützte Ankerplätze.

***Die Klappbrücke von Egernsund** wird für die ein- und auslaufende Sportschifffahrt geöffnet (links). Einen Werftservice findet man hinter der Brücke auf der Backbordseite. Die Naturbucht des Nybøl Nores (oben rechts im Bild) lohnt einen Abstecher und bietet gute Ankerplätze.*

***Gråstens Yachthäfen** liegen in der Naturbucht Sildekule. An der Steganlage des Gråsten Sejlklub (obere Bildmitte) finden kleinere Yachten Gastplätze. Von hier aus ist es nicht weit bis zum Schloss Gråsten (unten), Sitz der dänischen Königsfamilie in den Sommermonaten. Es wurde Ende des 17. Jahrhunderts von der holsteinischen Adelsfamilie von Ahlefeldt im klassizistischen Stil erbaut.*

hafen, der vor allem wegen seines Badestrandes angesteuert wird. Im Sommer verkehrt hier die Fähre nach Søby und Ærø, sodass es im Hafen etwas unruhig werden kann.

Nachdem wir Fynshav, einen nicht sonderlich attraktiven Yachthafen neben einem für Sportboote gesperrten Fährhafen, passiert haben, beginnt der lange Schlag in den Kleinen Belt hinein. Am nördlichen Kopf der Insel Alsen kann uns bei nördlichen und nordwestlichen Winden ein rauer Seegang erwarten, sodass es ratsam ist, nur bei gutem Wetter die Insel zu umrunden. Guten Schutz bieten erst wieder die verzweigten Buchten von Dyvig und Mjels, wobei Dyvig einen modernen Yachthafen zu bieten hat.

Zweifellos sind diese Buchten die schönsten und geschütztesten in der „Dänischen Südsee" und daher ein Muss für jeden Bootsfahrer. Vor allem Mjels ist ein Geheimtipp. Der recht kleine Yachthafen mit dem idyllischen Seglerheim wird nur von wenigen Yachten angesteuert, weil die Skipper das flache Fahrwasser fürchten. Wer sich jedoch an die im Sommer ausgebrachte Betonnung hält, wird auch mit größerem Tiefgang keine Schwierigkeiten haben.

Von Dyvig aus lässt sich der Rücktörn nach Sonderburg und Flensburg ohne Probleme bewältigen. Der Als Sund ist ein auch bei Starkwind bestens geschütztes Revier und bietet mehrere Ankerplätze sowie Anlegebrücken.

Die Stadt Augustenburg auf Alsen ist mit ihrem Schloss und den alten Bürgerhäusern einen Besuch wert. In der modernen Marina liegt man ruhig und hat alle Versorgungsmöglichkeiten.

Nach dem Passieren der Klappbrücke am Ausgang des Als Sundes laufen wir wieder den Stadthafen von Sonderburg an, und damit schließt sich die Umrundung der Insel Alsen.

Die Kaianlagen von Gråsten *sind für die Berufsschifffahrt reserviert (oben, linke Wasserseite). Gastliegeplätze gibt es im Bootshafen von Gråsten nördlich der Kais. Rechts im Bild liegt der Gråsten Sejlklub, oben links das Nybøl Nor.*

Zum Yacht Centrum Nord *gelangt man durch das Nybøl Nor (Mitte). Hier gibt es eine Steganlage für Werftkunden und einen Lift zum Slippen auch größerer Yachten.*

Die Marina Minde *ist einer der größten und modernsten dänischen Yachthäfen an der Flensburger Förde (unten und großes Foto rechts). Hier liegen auch viele deutsche Yachten, zumal alle Serviceeinrichtungen geboten werden. Die Marina Minde empfiehlt sich für Stopps bei schlechter Wetterlage, bevor es zum Fördeausgang und nach Sonderburg geht.*

In der Broager Vig *finden sich bei östlichen Winden geschützte Ankerplätze. Im Hintergrund liegt das Nybøl Nor. Gegenüber der Broager Vig ist Vorsicht geboten: Hier erstreckt sich am Südufer der Förde das berüchtigte Riff Holnis Haken, das schon vielen Yachten zum Verhängnis wurde. Eine rote Tonne, im Seglerjargon „Schwiegermutter“ genannt, kennzeichnet das östliche Ende des Riffs.*

Der Sonderburger Yachthafen *(links und unten rechts) liegt am Ostufer der Sønderborg Bugt etwa 10 Minuten von der Stadt entfernt. Er ist eine der größten und modernsten Marinas Dänemarks und zur Ferienzeit häufig überfüllt. Schöne Spaziergänge am bewaldeten Ufer in Richtung Høruphav und ein guter Badestrand neben dem Hafen animieren zu einem längeren Aufenthalt.*

Die Skelde Vig *am Nordufer der Flensburger Förde (unten Mitte) bietet bei nördlichen Winden geschützte Ankerplätze, während der* ***Anleger von Brunsnæs,*** *ebenfalls am Nordufer der Förde gelegen (unten links), dem Fähr- und Durchgangsverkehr vorbehalten ist.*

Der Als Sund *verbindet Sonderburg mit dem Kleinen Belt im Norden. Im Südhafen von Sonderburg (links unten) kann kurzfristig bis zum Öffnen der Kong-Christian-X.-Klappbrücke (oben) festgemacht werden. Eine Meile weiter nördlich überspannt die neue feste Alsenbrücke bei Møllehoved die Wasserstraße. Mit 33 m Durchfahrtshöhe können fast alle Segelyachten problemlos passieren. Das Fahrwasser ist im Sund durch eine dichte Betonnung gut gekennzeichnet. Je nach Windrichtung und -stärke kann ein mehr oder weniger starker Strom setzen. Das viereckige Gebäude im großen Foto unten auf der Landzunge ist das Sonderburger Schloss, in dem sich das Museum befindet.*

Sturm auf die Düppeler Schanzen

In der jüngeren Geschichte Dänemarks spielte die Schlacht zwischen Preußen und Dänen bei den Düppeler Schanzen, nur einige Kilometer von Sonderburg entfernt, eine entscheidende Rolle. Die Tatsache, dass die Dänen nach dem Tode König Frederik VII. im November 1863 eine neue Gesamtstaatsverfassung einführten, die auch für den ewigen deutsch-dänischen Zankapfel, Herzogtum Schleswig, gelten sollte, lieferte Bismarck den Grund, mit dem preußischen Heer die dänischen Truppen anzugreifen. Die „Befreiung“ Schleswig-Holsteins war zu einer nationalen Frage geworden.

Am 18. April 1864 begann im Morgengrauen der Sturm des preußischen Heeres auf die bei Düppel verschanzten Dänen, die bereits seit drei Wochen unter Dauerbeschuss lagen. Sie leisteten erbitterte Gegenwehr, doch schon bald war klar, dass die Preußen nicht nur in der Überzahl waren, sondern auch noch die besseren Waffen besaßen, nämlich von Krupp entwickelte neue Hinterladegeschütze. Die Düppeler Schanzen wurden genommen, und die Schlacht entschied bereits den Krieg. Dänemark verlor fast ein Drittel seines Staatsgebietes. Erst 1920 wurden Teile der preußischen Provinz Schleswig-Holstein, darunter die Insel Alsen, nach einer Volksabstimmung wieder dänisch.

Høruphav, *der malerische Ort mit dem gut geschützten Yachthafen, liegt an der gleichnamigen Bucht, die früher die Insel Kegnæs (rechts im Bild) von Alsen trennte. Heute verbindet ein Damm am Ende der Bucht beide Inseln. Am Südostufer von Kegnæs finden sich gute Ankerplätze.*

Die moderne Marina bietet zahlreiche Gastplätze. Das renommierte Restaurant im Hotel Baltic direkt am Hafen ist bei Feinschmeckern beliebt.

***Der Hafen von Mommark** liegt an der Ostseite Alsens (oben). Reger Fährverkehr im Sommer sorgt zeitweilig für Unruhe. Bei starken nordöstlichen Winden kann Schwell in den Hafen laufen. Gute Badestrände lohnen einen längeren Aufenthalt.*

***Der Damm von Drejet** verbindet Kegnæs mit Alsen (unten). Auf dem Weg nach Mommark ist der Leuchtturm von Kegnæs weithin sichtbar.*

***Der Leuchtturm Tranerodde** (links) am nordöstlichen Ende von Alsen dient der Schifffahrt im Kleinen Belt als Richtfeuer.*

Der Leuchtturm Taksensand *(links) liegt nördlich des Fährhafens Fynshav und ist ein guter Ansteuerungspunkt.*

Der Yachthafen von Fynshav *(unten) liegt neben dem für Yachten gesperrten Fährhafen. Der rege Fährverkehr sorgt für Unruhe, sodass sich der Hafen bestenfalls für einen Zwischenstopp eignet.*

Im Nordwesten Alsens *(oben) treffen der Kleine Belt (oben im Bild), der Aabenraa Fjord (links) und der Als Fjord (unten) zusammen.*

Die schönsten Buchten der „Dänischen Südsee" *(vorhergehende Doppelseite) von Dyvig (oben rechts) und Mjels (Bildmitte) sind über den Als Fjord (Hintergrund) zu erreichen. Die Mjelsvig (unten links) ist Naturschutzgebiet und ermöglicht schöne Wanderungen.*

Die Steganlage Mjels *(oben) bietet ruhige Gastplätze und ein gemütliches Seglerheim.*

In der Dyvig-Bucht *(rechts) kann in der modernen Marina (rechts im Bild) oder an der privaten Kaianlage vor dem Kro (links im Bild) festgemacht werden. Während der Ferienwochen ankern hier viele Yachten.*

Das Stevning Nor *am Eingang zum Augustenborg Fjord bietet bei nördlichen und östlichen Winden geschützte Ankerplätze. An privaten Stegen liegen hier überwiegend kleine Boote. Größere Yachten finden bei entsprechenden Windrichtungen gute Ankerplätze in der Sandvig, die oben im Bild zu sehen ist.*
Empfehlenswert sind Radtouren über die leicht hüglige Landschaft Alsens, auf der es viel zu entdecken gibt, wie zum Beispiel die größte und exakteste Sonnenuhr Europas bei Egen, nur einige Kilometer vom Stevning Nor entfernt.

Der Fährhafen Hardeshøj *(unten links) verbindet Alsen mit Ballebro auf Jütland. Die Fähre über den Als Fjord verkehrt regelmäßig. Entsprechend unruhig ist es im kleinen privaten Yachthafen nordwestlich vom Fähranleger, der keine Gastplätze bietet.*

Am Fährhafen Ballebro *(unten rechts) können Sportboote nicht anlegen. Von hier aus verbindet die Bundesstraße 41 die Autobahnen nach Kolding und Hamburg. Die Fährpassage über den Als Fjord empfiehlt sich, wenn der Norden Alsens ohne Umwege erreicht werden soll.*

***Augustenborg** ist ein beliebter Ausgangspunkt für Törns rund um Alsen und in die „Dänische Südsee“. In der modernen Marina (oben) haben auch viele deutsche Eigner ihren festen Liegeplatz. Der Hafen empfiehlt sich außerdem für Trailerboot-Eigner, da hier das Boot (im Gegensatz zu Sonderburg) mit einem Kran abgeslippt werden kann.*

Lohnend ist ein Besuch des Augustenborger Schlosses (rechts, Bildmitte unten). Es wurde 1770 erbaut und war Hauptsitz des augustenborgischen Herzogengeschlechts, das in der Politik Südjütlands eine Hauptrolle spielte. Im Schloss können die Kirche, der Gartensaal und das Arbeitszimmer des Herzogs besichtigt werden. Die dramatische Geschichte von Schloss und Herzogfamilie spiegelt eine Ausstellung im Hauptportal wider.

IN DEN KLEINEN BELT NACH NORDEN

REIZVOLLE STÄDTE UND INSELN

Die Insel Barsø *(oben links) liegt schützend vor dem Genner Fjord. An ihrer Westseite finden sich in einer weiträumigen Bucht bei östlichen Winden gute Ankerplätze. Die Insel mit ihren verstreut zwischen Feldern und Knicks liegenden Bauerngehöften strömt Ruhe und Frieden aus. Ausgedehnte Spaziergänge sind hier empfehlenswert.*

Einlaufend in den Genner Fjord *(oben rechts), sind Flachs bei der Vorskov Huk zu passieren. Hier haben sich größere Wohnwagen-Kolonien angesiedelt. Leider sorgen die Motorboot-Flitzer von den Campingplätzen bei einem Ankerstopp in der geschützten südlichen Bucht vor Kalvø häufig für unangenehmen Schwell.*

Im Fährhafen von Barsø *ist das Festmachen von Yachten nicht erlaubt (links). So bleibt es bei einem Ankerstopp, der über Nacht nur dann ausgedehnt werden sollte, wenn schwache östliche Winde zu erwarten sind. Mit dem Beiboot kann man dann recht gut am steinigen Kiesstrand anlanden oder hinter dem landseitigen Fähranleger-Steg festmachen.*

Die Ankerbucht *südöstlich von Kalvø im Genner Fjord (oben) zählt zu den beliebtesten in Süddänemark. Hoher Baumbestand bietet guten Schutz, die Tiefe ist auch für Yachten mit großem Tiefgang ausreichend.*

In Sønderballe, *einem ehemaligen Fischerdorf am Nordende des Genner Fjords (unten), sind private Stege sowie ein wenig geschützter Yachthafen entstanden.*

Kalvø Havn *(rechts) ist mit mehreren Stegen ausgebaut worden, von denen die zum Damm gelegenen einheimischen Eignern vorbehalten sind.*

Zwischen Årøsund und der Insel Årø *verläuft der schmale Sund, in dem ein starker Strom setzen kann. Im Hintergrund ist im Kleinen Belt mit seiner „Bredningen", der großen Breite, die Insel Brandsø zu erkennen. Das Fahrwasser windet sich nordwärts durch zahlreiche flache Riffe und Sände an der Vogelinsel Linderum vorbei, und der Skipper ist gut beraten, die Tonnen, Baken und Priggen genau zu beachten.*

Der Yachthafen von Årø *(oben rechts) ist im Sommer häufig dicht mit Transityachten belegt. Er ist ein guter Ausgangspunkt, um die flache Bauerninsel Årø mit dem Fahrrad zu erkunden.*

Årøsund *(unten rechts) hat mit seinem neuen Yachthafen mehr Platz für Gastyachten, die früher im engen Fischerhafen festmachen mussten.*

Das Fahrwasser des Haderslev Fjords *(oben) windet sich im Mündungsgebiet durch flache Sandbänke. Die Fahrrinne ist jedoch gut gekennzeichnet, sodass die Ansteuerung keine Schwierigkeiten bereitet.*

Im Haderslev Havn *(Mitte) findet man an den lang gezogenen Steganlagen immer einen Liegeplatz.* ***Hejlsminde*** *(unten) liegt zwischen der Hejlsminde Bugt und einem Binnennor.*

Haderslev *(rechts) ist eine Kleinstadt am Ende des Haderslev Fjords, die einst eine größere Handelsflotte beherbergte. Heute dient der Hafen fast ausschließlich der Sportschifffahrt.*

Skærbæk am Kolding Fjord
(oben links und unten) ist ein gemütlicher Ort und bietet, seitdem der östliche Werfthafen ausgebaut wurde, bessere Liegemöglichkeiten für Gäste in drei Hafenbecken. Der mittlere Fischereihafen beherbergt noch eine Anzahl Fischkutter, während Yachties im westlichen Yachthafen unter sich sind. Das nahe Kraftwerk ist zwar kein Gewinn für die schöne Landschaft am Fjord, stört aber das Hafenleben kaum. Spazierwege führen am Kolding Fjord entlang, während der Ort selbst außer gepflegten Häusern und Gärten wenig zu bieten hat.

Die Naturbucht Løverodde
(oben rechts) am Ausgang des Kolding Fjords wird durch eine Landzunge geschützt. Drei private, zum Teil einem Campingplatz zugehörige Brücken bieten kaum Gastplätze, die durch einlaufenden Schwell sehr unruhig sein können.

Auf der Landzunge Drejensodde *(oben links) weist ein Leuchtfeuer der in den Kolding Fjord einlaufenden Schifffahrt den Weg. Östlich von Drejensodde findet man gute Ankergründe, während die Gudsø Vig (oben im Foto) weitgehend verlandet ist.*
Kolding *(oben) hat zwei Marinas zu bieten. Der südliche Yachthafen (im Foto rechts) bleibt weitgehend einheimischen Booten vorbehalten.*
Das Kongresshotel „Koldingfjord" *(unten ganz links) am Nordufer, zwei Kilometer vor Kolding, hat eine Anlegebrücke für Ausflugsschiffe.*
Im Schloss Koldinghus *(unten Mitte) ist ein kulturhistorisches Museum untergebracht. Auch das Gebäude selbst ist sehenswert.*
Tved *am Südufer des Kolding Fjords (unten rechts) mit einzelnen privaten Bootsbrücken.*

Die Middelfart-Eisenbahnbrücke *(oben) verbindet Jütland mit Fünen. Starker Strom kann die Durchfahrt erschweren. Es ist ratsam, ausreichenden Abstand zu den Brückenpfeilern zu halten.*

Middelfart-Russelbæk *(unten) am Rande des Fænø Sunds ist eine moderne und gut geschützte Marina, in der man fast immer einen Gastliegeplatz findet.*

Ein Blick auf die Privatinsel Fænø *(rechts, unten im Bild) und den Fænø Sund (Bildmitte). Rechts erkennt man den Yachthafen Middelfart-Russelbæk, darüber die neue Kleine-Belt-Brücke.*

Die Tybrind Vig auf Fünen *(rechts) bietet bei östlichen Winden relativ geschützte Ankerplätze. Die Privatstege gehören zu einem Campingplatz. Entsprechend liegen hier nur Kleinboote.*

Bågø *(unten links) ist die wohl schönste Ferieninsel im Kleinen Belt. Der Fischerei- und Yachthafen mit seinem Fähranleger ist in den Sommermonaten stets überfüllt, doch lohnt es sich, hier nach einem freien Liegeplatz Ausschau zu halten. Die Insel mit ihren Naturbadestränden und schönen Wanderwegen ist einen längeren Aufenthalt wert.*

Die kleine Steganlage in der Ellebæk Vig *(unten rechts) am Rande des Gamborg Fjords ist kleineren Yachten vorbehalten, da die Wassertiefen gering sind. Gut geschützte Ankerplätze findet man am Eingang der Ellebæk Vig.*

Die Naturbucht Torø Red *(oben) wird durch die Halbinsel Torø gut geschützt. Die Nähe zu Assens (oben im Bild) fördert die Beliebtheit der sicheren Ankerplätze in der Innenbucht, sodass sie in den Sommermonaten stets dicht belegt ist.*

Der malerische Ort Torøhuse *(unten links) ist einen Besuch per Beiboot wert. Zur Halbinsel Torø führt ein Sandweg über einen Damm. Die naturnahe Landschaft lohnt hier längere Spaziergänge.*

Im Handels- und Yachthafen von Assens *(unten rechts) ist es nicht schwierig, einen freien Gastliegeplatz zu finden. Der Werftbetrieb gegenüber der Marina kann manchmal recht laut sein. Assens ist im Sommer ein quirliges Touristenstädtchen, das zum Bummeln, Einkaufen und Restaurantbesuchen einlädt.*

In der Akrog Bugt *an der Westseite der Halbinsel Agernæs (oben) liegt ein kleiner Bootshafen, der hauptsächlich Angelbooten von den nahen Feriensiedlungen auf Agernæs Schutz bietet.*

Die Insel Helnæs *(rechts), durch einen schmalen Damm mit Agernæs und Fünen verbunden, liegt schützend vor dem Nordteil (Nørre Fjord) der Helnæs Bugt (oben im Bild). Die Insel mit ihrem kleinen Ort Helnæs By und einsamen Bauerngehöften wird kaum von Touristen besucht. Der Leuchtturm Lindhoved warnt vor einem ausgedehnten Flach an der Westhuk von Helnæs.*

Faldsled an der Helnæs Bugt
hat einen komfortablen, geschützten Yachthafen. Seinen guten Ruf verdankt der Ort vor allem dem Faldsled-Kro, der als Feinschmecker-Tempel in ganz Dänemark gepriesen wird. In der Nähe des Hafens findet man darüber hinaus schöne Badestrände, und wer gut zu Fuß ist, kann über die „Fünschen Alpen" wandern, einem hügligen Höhenzug mit Wäldern und Feldern.
Faldsled war früher ein bedeutender Getreideumschlagplatz, jedoch existieren die Lagerschuppen, die noch zu Beginn unseres Jahrhunderts standen, nicht mehr. Das schwierige Fahrwasser und der nahe Hafen von Fåborg brachten den Kornhandel zum Erliegen.

Vor Brunshuse *im Nordteil der Helnæs Bugt (oben) und am Nordufer liegen in den Sommermonaten zahlreiche Angel- und kleinere Sportboote an Muringtonnen.*

Die Insel Illum *in der Helnæs Bugt (ganz rechts) wird von zwei Bauernfamilien bewirtschaftet. Bei Nordwind findet man gute Ankerplätze vor der Südküste von Illum, während es bei Südwind besser ist, an der Nordküste zu ankern.*

Vigø in der Helnæs Bugt *(rechts) ist unbewohnt. Vor der nordwestlichen Kliffküste gibt es bei Wind aus südöstlichen Richtungen gute Ankerplätze. Zwischen Vigø und der Nachbarinsel Horshoved erstrecken sich Flachs.*

Die Insel Lyø zählt zu den schönsten in der „Dänischen Südsee“ (oben). Eine Dammbrücke verbindet den Hafen mit der Straße zum Inseldorf, dessen reetgedeckte Fachwerkhäuser mit den charakteristischen Innenhöfen berühmt sind.

Dyreborg in der Dyreborg Vig (oben Mitte) am Rande des Fahrwassers nach Fåborg ist ein beliebter, aber enger Ferienhafen mit schöner Umgebung.

Im Hafen der Insel Lyø (oben ganz rechts) liegt man bei allen Winden gut geschützt. Doch das schmale Becken ist während der Ferienzeit und an den Wochenenden stets überfüllt.

Die Brücke Bøjden (unten rechts) wird durch das Kalvøre Rev am Eingang der Helnæs Bugt geschützt. Im Hintergrund ist die Insel Lyø zu erkennen.

SVENDBORG SUND UND GROSSER BELT

REVIER ZUM VERWEILEN

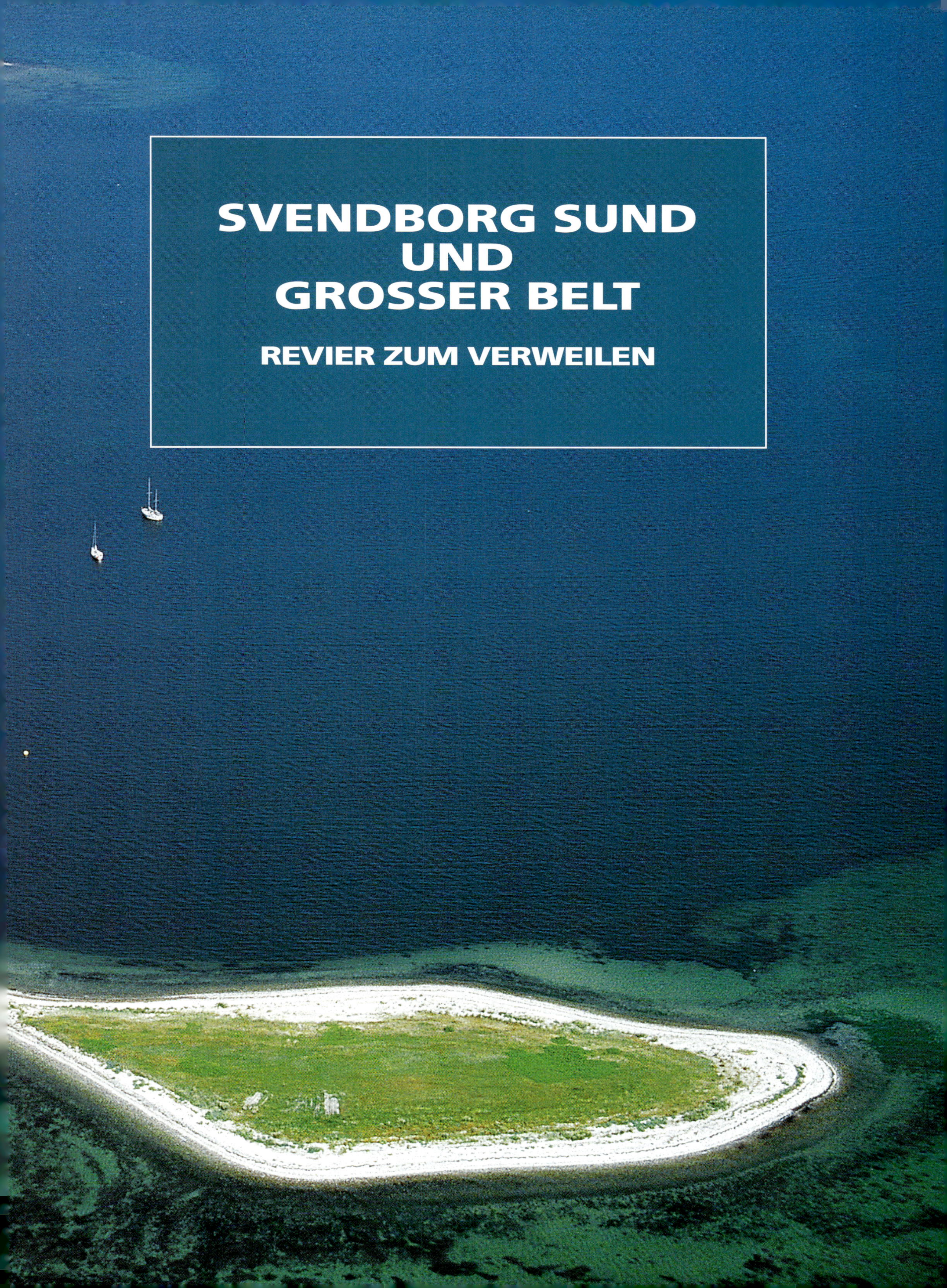

Wer es eilig hat und von der westlichen Ostsee aus möglichst schnell den Großen Belt oder die Kattegat-Inseln Samsø und Tunø erreichen will, wird den kürzesten Weg östlich an Langeland vorbei oder aber durch den geschützten Svendborg Sund wählen. Besser wäre es freilich, hier ein wenig zu verweilen, denn zahlreiche Inseln und Häfen mit beschaulichem Charakter liegen sozusagen am Wegesrand.

Da wäre zunächst, von Lyø und Dyreborg kommend, das kleinste Handelsstädtchen auf Fünen, Fåborg, anzulaufen. Seitdem die Butterdampfer-Fähre zwischen Gelting und Fåborg wegen der Abschaffung des zollfreien Einkaufs eingestellt wurde, kann man wieder entspannter das teilweise enge Fahrwasser des Fåborg Fjords passieren. Im neuen Yachthafen nahe der Altstadt bekommt man mit Glück einen Liegeplatz, sodass man nicht auf den Gast-Yachthafen im Fischerei- und Handelshafen auszuweichen braucht, der etwas laut und unruhig ist. Große Yachten finden jedoch nur hier längsseits der Kaimauer einen Liegeplatz.

Fåborg ist in den Sommermonaten eine von Touristen stark frequentierte, lebendige Stadt mit einer längeren Fußgängerzone. Wer die Stadt mit ihren verwinkelten Gassen und alten Häusern richtig erfassen möchte, sollte zunächst die Treppen des Glockenturms (Klokketarnet) erklimmen, der ursprünglich für eine Kirche gebaut worden war. Von hier oben hat man einen guten Rundumblick über Stadt, Hafen und Fjord.

***Die Südost-Spitze von Avernakø** (vorhergehende Doppelseite) bildet mit der vorgelagerten Sandbank Revtrille eine gut geschützte Bucht. Wer hier bei warmem Sommerwetter ankert, fühlt sich tatsächlich in eine Südsee-Lagune versetzt.*

Auch das Fåborg-Museum in der Grønnegade ist einen Besuch wert. Das neoklassizistische Gebäude wurde 1910 von dem wohlhabenden Fabrikbesitzer Mads Rasmussen der Stadt geschenkt und beherbergt zahlreiche Bildwerke und Bildhauer-Arbeiten Fünscher Meister.

An der Bauerninsel Bjørnø vorbei, die nur eine kleine Brücke zum Anlegen besitzt, geht unser Törn weiter zur Doppelinsel Avernakø. Die im Westen liegende größere Hauptinsel ist mit der kleineren Ostinsel durch einen Damm verbunden. Seitdem der neue, etwas abgeschieden gelegene Yachthafen im Norden der Westinsel fertig gestellt wurde, ist Avernakø bei den Wassersportlern immer beliebter geworden. Auf ausgedehnten Radtouren oder Wanderungen über beide Inseln, vorbei an hügligen Feldern und durch beschauliche Dörfer, kann man Ruhe und Erholung finden.

Wer in dem häufig überfüllten Hafen keinen Platz bekommt, kann in den noch kleineren Brückenhafen Korshavn oder zum Ostende der kleineren Insel in die Naturbucht Revkrog ausweichen, die zu den beliebtesten Ankerreeden in der „Dänischen Südsee" zählt. Hier kann man mit dem Beiboot an Land fahren und die nähere Umgebung erkunden.

Falls es auf dem Ankerplatz zu unruhig wird, findet man im Svendborg Sund drei Seemeilen nordwärts am Fünschen Ufer die Häfen Fjællebroen und Ballen, bevor man nach einem kurzen Abstecher zur idyllischen Bauerninsel Skarø mit ihrem neuen Yachthafen Svendborg erreicht.

Den Svendborg Yachthafen, direkt am engen Sund-Fahrwasser gelegen, lassen wir am besten links liegen, denn es sind kaum Gastplätze vorhanden. Außerdem kann es hier durch einlaufenden Schwell unruhig werden, und die Boxen sind durchschnittlich nicht breiter als 2,50 m. Für Gäste ist der Yachthafen im Nordre Havn vorgesehen, wobei man sich hier auch auf das Päckchenliegen einrichten muss.

Svendborg ist eine Stadt mit langer Seefahrtstradition. Bereits im Mittelalter unterhielt die Stadt Handelsbeziehungen zu den Hansestädten und Herzogtümern Schleswig und Holstein. Auf den Schiffswerften liefen zahlreiche Segel- und Dampfschiffe vom Stapel, die von Svendborg aus in alle Welt fuhren. Heute spielt die

Handelsschifffahrt kaum noch eine Rolle, der Hafen wird hauptsächlich von überholungsbedürftigen Berufsschiffen angelaufen. Dafür boomt das Einkaufsleben in der Stadt, vor allem im Sommer, wenn die Touristen Svendborg besuchen.

Sehenswert sind die um 1220 im romanischen Stil aus Backstein erbaute Nikolaikirche sowie die nebenan liegende Liebfrauenkirche, ebenfalls ein Backsteinbau. Im ältesten Fachwerkhaus der Stadt von 1560 ist das Stadtmuseum mit Exponaten aus der Geschichte Svendborgs untergebracht.

Zwei recht beliebte Ankerreeden finden wir ein Stück weiter südöstlich im Svendborg Sund, und zwar in der geschützten Thurø-Bund-Bucht sowie vor dem malerischen Ort Troense. Mit seinen bunt angemalten Fachwerkhäusern, die einst Segelschiffskapitänen gehörten, ist Troense unbedingt einen Besuch wert. Dabei sollte man sich das maritime Museum in der alten Reitschule von 1790 ansehen. Hier hat der dänische Schiffshistoriker Holm Pedersen die wohl größte nautische Privatsammlung Dänemarks zusammengetragen.

Unser Törn führt uns nun weiter durch den Svendborg Sund, bis wir den relativ offenen Lundeborg Belt erreichen. Wenn es hier aufgrund der Wetterbedingungen unge-

Der Yachthafen von Fåborg *(oben) ist mit einheimischen Booten dicht belegt. Ausweichen kann man in den Handelshafen (oben im Bild), der mit Steganlagen für Gastyachten gut ausgebaut wurde. Größere Yachten finden einen Liegeplatz längsseits der Kaianlagen.*

Die Brücke von Bjørnø *(links) bietet nur wenige Gastliegeplätze. Trotzdem lohnt es sich, eine Anlandung zu versuchen, denn die Bauerninsel weist malerische Kliffküsten und ein Vogelschutzgebiet am östlichen Ende auf.*

mütlich wird, bietet sich der Fischereihafen von Lundeborg für einen Zwischenstopp an, bevor es weiter nördlich in den Großen Belt nach Nyborg bis zur neuen Belt-Brücke geht.

Lundeborg beherbergte noch in den siebziger Jahren eine der größten Fischkutter-Flotten Dänemarks. Die übrig gebliebenen Kutter teilen sich heute die knappen Hafenplätze mit den Yachten, die vor allem zur Ferienzeit in großer Zahl nach Lundeborg kommen. Da wird es manchmal so voll, dass man zu Fuß über den Hafen gehen könnte.

Eine große, moderne Marina mit viel Platz und allen Versorgungsmöglichkeiten finden wir erst wieder in Nyborg auf Fünen, unmittelbar vor der neuen Belt-Brücke, und hier endet auch der dritte Törnabschnitt, bevor es wieder südlich nach Langeland und in die geschützten Reviere der „Dänischen Südsee" geht.

***Der Fåborg Fjord** mit der Insel Bjørnø hat zahlreiche Flachs, die aufmerksame Navigation erfordern. Im Hintergrund am Ende des Fjords liegt die Stadt Fåborg.*

Die Hanse Bugt *auf Fünen (oben) gegenüber der Insel Bjørnø ist bei nordöstlichen Winden eine geschützte Ankerreede. Hier tummeln sich zahlreiche Kleinmotorboote vom nahen Campingplatz.*

Avernakø Mole *heißt der neue Yachthafen im Norden der Insel Avernakø (Mitte). Hier kann man Natur pur genießen, sofern einer der wenigen Liegeplätze frei ist.*

Die Brücke Korshavn *(unten) an der Osthälfte Avernakøs wird gern von Wochenend-Seglern aus Fåborg und Svendborg aufgesucht. Die Liegeplätze können bei nördlichen Winden unruhig sein.*

Auf der Ankerreede Revkrog *(ganz rechts) liegt man bei südwestlichen Winden sehr geschützt. Der kleine Hafen an der Küste gehört zum Privatbesitz der dänischen Reedersfamilie Moersk Møller.*

Die Insel Skarø *mit ihrem gleichnamigen Dorf ist ein ländliches Idyll (rechts). Der gut geschützte Hafen wird an den Wochenenden häufig von Seglern aus Svendborg und Umgebung besucht, zumal im Kro Restauration und manchmal Live-Musik geboten werden.*

Fjællebrœn *(ganz rechts oben) am Ostufer des Nakkebølle Fjords muss wegen der zahlreichen Flachs aufmerksam angesteuert werden. Der Hafen wurde ausgebaut, bietet aber Gastplätze nur in freien Boxen von Festliegern.*

Ballen *am Nordufer des Svendborg Sunds (ganz rechts Mitte) ist ein kleiner Yachthafen für einheimische Bootseigner, bietet aber auch einige Gastplätze. In die nach Osten offene Hafeneinfahrt kann bei entsprechenden Windrichtungen Schwell laufen.*

Skarø Havn *auf der Insel Skarø (ganz rechts unten) kann von Yachten mit einem Tiefgang bis etwa 1,80 m problemlos von SE her angelaufen werden. Die tiefsten Liegeplätze findet man an der Fähren-Brücke.*

Der Yachthafen Rantzausminde *am Svendborg Sund (links oben) hat nur wenig Platz für Gäste, liegt aber recht geschützt hinter einer hohen Steinmole. Einkaufsmöglichkeiten gibt es nahebei im Ort, dessen imposante Villen direkt am Wasser von wohlhabenden Svendborgern bewohnt werden.*

Die Svendborg Sund-Brücke *(links unten) verbindet Fünen mit der Insel Tåsinge. Gleich dahinter liegt auf der linken Sundseite Svendborg, dessen rundes Yachthafenbecken vor einer Halbinsel weit in das Fahrwasser ragt. Weiter oben im Bild windet sich der Svendborg Sund durch die hüglige Landschaft, vorbei an Thurø Bund und Trœnse (oben rechts im Bild).*

Vesterrøn, *noch vor Rantzausminde am Nordufer des Sunds gelegen (oben), ist eine gehobene Wohnanlage mit privaten Bootsliegeplätzen. Gäste können hier nur mit Genehmigung der Eigentümer festmachen.*

Der Svendborger Yachthafen *(oben) mit seinen beiden Hafenbecken ist weitgehend einheimischen Yachten vorbehalten. Zwischen die Heckpfähle der Boxen im Rundhafen passen nur kleinere, schmale Boote.*
Die Svendborg Sund-Marina *(Mitte) mit ihren Terrassenhäusern wurde zu einer Wohnanlage mit Privat-Liegeplätzen ausgebaut. Früher war hier die bekannte Sagitta-Werft untergebracht.*
Troense auf Tåsinge *(unten) bietet Gastliegeplätze an zwei Stegbrücken im Lystbådehavn. Hier liegt man bei Winden aus N bis E geschützt, doch sorgt der Dampfer- und Bootsschwell für Unruhe. Vorteilhaft ist die Nähe zum hübschen Seefahrerort mit seinen sehenswerten Kapitänshäusern.*
Der Sportboot-Gasthafen von Svendborg *(ganz rechts) befindet sich im Nordre Havn an einer belebten Uferstraße, nur wenige Minuten vom Stadtzentrum entfernt. Zur Ferienzeit liegt man hier auch im Päckchen. Die Werften auf der gegenüberliegenden Hafenseite überholen bevorzugt Oldtimer-Yachten, aber auch Berufsschiffe. Der Sydhavn (ganz rechts im Bild) darf von Yachten nicht angelaufen werden.*

ndlines

Die Ankerbucht von Thurø Bund *(Bildmitte) zählt zu den schönsten in der „Dänischen Südsee". Links liegt die Insel Thurø mit den privaten Bootsbrücken von Gambøt, an denen man mit Glück einen Liegeplatz bekommt. Ganz links von den Anlegebrücken ist die berühmte Holzboot-Werft Walsted zu erkennen. Wer am Nordufer der Thurø-Bund-Bucht anlegt, wird mit erholsamen Spaziergängen und einer abwechslungsreichen Landschaft belohnt.*
Nicht weniger reizvoll ist die gegenüberliegende, zu Thurø gehörende Halbinsel Gråsten mit ihrem Laubwäldchen. Die wenigen Stegbrücken befinden sich in Privatbesitz und bieten für Kielboote keine Liegeplätze, sodass man mit dem Beiboot übersetzen muss. Auch auf Gråsten kann man mit den Bord-Klapprädern kleine Touren oder per pedes Wanderungen unternehmen.

Die Einfahrt in den Skåropøre Sund *(folgende Doppelseite) nördlich vom Svendborg Sund windet sich durch Flachs, vorbei an der Landzunge Odden auf Fünen und dem nördlichen Kap von Thurø. Im Hintergrund des Lundeborg Belts liegt die Insel Langeland.*

Im Skåropøre Sund (oben) liegen am nördlichen Ufer die Steganlagen von ***Bjørnemose****, die überwiegend Kleinbooten vorbehalten sind.* ***Vemmenæs*** *(Mitte) liegt im Osten der Insel Tåsinge am Rudkøbing Løb. Die kleine, an einem Brückendamm gelegene Hafenanlage soll weiter ausgebaut werden.* ***Im Schloss Valdemar auf Tåsinge*** *(unten), 1678 im Renaissancestil erbaut, ist ein Kriegsmuseum untergebracht. Die Brücke davor dient dem Ausflugsverkehr.* ***Der Leuchtturm von Elsehoved*** *(ganz rechts) weist in den Lundeborg Belt.*

Lundeborg *mit seinem alten Fischereihafen (links) ist ein beliebter Badeort, der besonders an den Wochenenden stark frequentiert wird. Die nördlich gelegenen Badestrände sind auch für Yachtcrews attraktiv, was zum Teil die Beliebtheit dieses idyllischen Hafens erklärt. Die Umgebung Lundeborgs mit seinen Wäldern und Feldern ermöglicht längere Landausflüge, und diverse Veranstaltungen auf dem Hafenvorfeld mit Livemusik sorgen für Abwechslung.*
Noch sind in Lundeborg einige Fischkutter beheimatet, die an der Mittelmole festmachen und sich den Hafen mit den Sportbooten teilen. Deren Eigner müssen vor allem an den Wochenenden viel Geduld aufbringen, denn das Päckchenliegen ist aufgrund der Enge obligatorisch.

Der Fischerei- und Yachthafen Lundeborg *(unten) liegt auf etwa halber Distanz zwischen Svendborg und Nyborg. Für Sportboote ist dieser Hafen so wichtig, weil es auf dem Weg in den Großen Belt an der Ostküste Fünens keinen weiteren Schutzhafen gibt.*
Um die Enge im südlichen Hafenbecken etwas zu mildern, wurde eine neue Slipanlage für Kleinboote außerhalb der Hafenmole gebaut. Charakteristisch ist das historische Packhaus, ein weißer Fachwerkbau, der von See her ein guter Ansteuerungspunkt ist.

Schwierige Stromverhältnisse

Häufig beeinflussen die Hauptströme im Svendborg Sund, im Rudkøbing Løb sowie im Großen Belt die Stromrichtung im Lundeborg Belt, sodass hier durchaus Strom gegen Wind stehen kann. Da aber die Stromgeschwindigkeiten in den Sommermonaten kaum einen bis zwei Knoten übersteigt, lässt sie sich meistern. Im Großen Belt setzt der Strom bei stärkeren Winden aus NNE über E und S bis WSW nordwärts. Südwärts setzt er bei Winden aus W bis NNE.

Die neue Belt-Brücke *(oben links) erstreckt sich in leichtem Bogen bis zur Insel Sprogø, die am Horizont zu erkennen ist. Der Bauhafen im Vordergrund darf nicht von Yachten angelaufen werden.*

Nyborg auf Fünen *(unten links) wirkt ein wenig verbaut, sodass sich der spröde Reiz dieser Industriestadt dem Besucher erst auf den zweiten Blick erschließt.*

Der Yachthafen von Nyborg *(oben rechts) wurde so großzügig ausgebaut, dass hier fast immer ein Gastliegeplatz frei ist. Im Hafenvorfeld findet man einen gut sortierten Marineshop sowie im Ort alle Versorgungsmöglichkeiten.*

Der Leuchtturm von Sprogø *(unten rechts), ein historisches Bauwerk, hat inzwischen ausgedient.*

IM HERZEN DER DÄNISCHEN SÜDSEE

GERUHSAM DURCHS BINNENMEER

Es ist eine Frage der persönlichen Einschätzung, der nautischen Erfahrung und der jeweiligen Wettersituation, wie weit man sich, aus dem Svendborg Sund kommend, nach Norden orientiert. Für kleine Yachten und Trailerboote endet am Lundeborg Belt das geschützte Revier der „Dänischen Südsee“, und mancher Skipper ist gut beraten, von Thurø aus wieder südlich zu steuern, hinein in das Rudkøbing Løb mit Kurs auf die Insel Langeland.

***Die Insel Drejø** (vorhergehende Doppelseite) hat zwei kleine Häfen. Naturschutzgebiete und ruhige Feldwege laden zu Landausflügen ein. Deiche schützen die flache Insel vor der See.*

Die 50 Kilometer lange Insel hat nicht den Charme und die Weltabgeschiedenheit der kleinen Eilande im Zentrum der Südsee, und nur wer sich die Mühe macht, auf längeren Landtouren die Gegend zu erkunden, wird die herbe Schönheit der hügligen Landschaft Langelands mit ihren eingelagerten Wäldern, Knicks und Feldern sowie einzelnen repräsentativen Gutshöfen entdecken.

Ganz im Norden der Insel, vom Hauptfahrwasser des Lundeborg Belts durch ein lang gezogenes Riff mit drei Passagen getrennt, liegt Lohals, ein beliebter Badeort der Dänen mit zwei nebeneinander liegenden Häfen.

Größere Yachten können im ehemaligen, etwas gemütlicheren Fischereihafen festmachen, während gleich nebenan in der modernen Marina kleinere Yachten besser aufgehoben sind. Lohnend ist ein Spaziergang durch den gemütlichen Ort Lohals zur Nordspitze Langelands. Von den Hängen der Steilküste schweift der Blick weit über den Großen Belt bis hinüber zu den Inseln Agersø und Omø.

In Lohals muss man sich entscheiden, ob der weitere Törn in südlicher Richtung um die Nordspitze Langelands herum an der Ostküste entlang über Spodsbjerg und Bagenkop führen soll, oder ob die Route über Rudkøbing durch das Rudkøbing Løb vorzuziehen ist.

Wer es eilig hat und auf dem schnellsten Weg nach Kiel oder zu den anderen Schleswig-Holsteinischen Häfen zurückkehren muss, wird die seemännisch anspruchsvollere, nur von einem Schutzhafen unterbrochene Ostroute wählen, während Freunde der „Dänischen Südsee“ auf der Westroute an Langeland entlang nun erst in das Herzstück dieses geschützten Inselmeeres gelangen.

Fünf Seemeilen südlich von Lohals treffen wir auf den ehemaligen kleinen Fischereihafen von Dageløkke, der inzwischen mit einer zugehörigen Ferien- und Freizeitanlage inklusive Hallenbad zu einer modernen Urlaubsmarina ausgebaut wurde. Der Hafen von Dageløkke war früher auch für die Versorgung und Getreide-Frachtfahrt des etwa zehn Kilometer südlich gelegenen Schlosses Tranekaer wichtig, dem ältesten Adelssitz der Insel. Die Lehnsgrafen von Ahlefelt, ab 1672 hier ansässig, regierten die Insel bis zum Ende des Ersten Weltkriegs souverän, sodass man damals vom „Königreich Langeland“ sprach.

Auf unserem Törn nach Süden wird bald die Langelandsbrücke sichtbar, die Tåsinge mit Langeland verbindet. Hinter der Brücke liegt die Stadt Rudkøbing mit ihren großen, viergeteilten Hafenanlagen. Das nördlichste Becken wurde als Sportboothafen ausgebaut, während der benachbarte Fischereihafen für Yachten tabu ist. Größere Yachten können in dem südlich anschließenden Handelshafen festmachen. Der neben liegende Fährhafen ist für den Fährverkehr zu den kleinen Inseln reserviert.

Die alten, mit viel Aufwand restaurierten Fachwerkhöfe im winkligen Stadtkern von Rudkøbing sind sehenswert. Sie zeugen von dem Wohlstand, der in dieser Stadt aufgrund spezieller Privilegien im Ochsen- und Pferdehandel einst geherrscht hat. Im Langeland-Museum im Jens-

Winthers-Vej kann man außerdem Schwerter und Rüstungen aus der Wikingerzeit bewundern.

Nachdem wir die schmalen Fahrwasser südlich Rudkøbings passiert haben, liegt das Zentrum der „Dänischen Südsee" vor uns. Da wäre zunächst die idyllische Bauerninsel Strynø, an der die meisten Skipper achtlos vorbeifahren. Wie lohnend das Anlaufen des kleinen Brückenhafens ist, merkt man spätestens bei einem beschaulichen Spaziergang über die im Sonnenlicht flimmernde Insel, vorbei an alten Bauerngehöften, Knicks und Feldern. Der Kro im Dorf lädt zu einer Rast ein, wo man bei einem guten dänischen Bier die Welt vergisst.

Ähnlich ruhig, aber noch ein wenig abgeschiedener ist die westlich von Strynø gelegene Insel Birkholm. Der Inselhafen erfreut sich trotz der Enge großer Beliebtheit, kann man doch auf Birkholm der Hektik moderner Marinas entfliehen. Im Sommer vermieten die wenigen, noch fest auf der Insel wohnenden Dänen Häuser von fortgezogenen Inselbewohnern an Feriengäste.

Nicht weniger beschaulich geht es auf den westlichen Nachbarinseln Hjortø und Drejø zu. Auch hier scheint die Zeit stillgestanden zu sein,

Dageløkke auf Langeland *ist ein beliebter, modern ausgebauter Yachthafen, der zu einer größeren Ferien-Urbanisation mit Freizeiteinrichtungen wie Hallenbad, Sauna und Tennis gehört. Entsprechend sind die Liegeplätze während der Sommermonate rar. Das nahe gelegene Dorf Dageløkke sowie die Umgebung bieten indessen wenig Abwechslung.*

Lohals auf Langeland *(oben)* *hat Gastplätze im neuen Yachthafen (oben im Bild) sowie einen Handels- und Fischereihafen, in dem auch größere Yachten einen Liegeplatz finden.*

Spodsbjerg am Langelands Belt *(rechts) ist Fährhafen für den Verkehr zwischen Langeland und Lolland. Der neue Yachthafen ist unten im Bild zu sehen, nördlich davon liegt der Fischereihafen.*

***Der Norden Langelands** (links) wird geprägt von Wäldern und Naturschutzgebieten. Oben ist der Langelands Belt zu erkennen, unten liegt Lohals mit seinem Yachthafen.*

***Der Leuchtturm Keldsnor** (unten) weist im Süden Langelands der Schifffahrt den Weg in den Langelands Belt und den Großen Belt. Bereits um 1805 wurde hier das erste, mit Kohle betriebene Leuchtfeuer der Insel installiert.*

und nur im Sommer werden die kleinen Dörfer von den Feriengästen aus ihrem Dornröschenschlaf erweckt.

Das hat die Märchenstadt Ærøskøbing an der Nordostküste der Insel Ærø nicht nötig, denn sie wird inzwischen das ganze Jahr über von Touristen aus aller Welt besucht. Mit ihren winzigen, bunt gestrichenen Fachwerkhäusern, deren Dachtraufen man mit der Hand erreichen kann, verkörpert Ærøskøbing die sprichwörtliche Gemütlichkeit einer dänischen Kleinstadt. Wer durch die engen Gassen mit ihrem Kopfsteinpflaster schlendert, die Rosenstöcke vor den Häusern bewundert und versucht, einen Blick durch die Butzenscheiben auf das Innenleben zu werfen, wird in der Tat an die Zeit des dänischen Märchendichters Hans-Christian Andersen erinnert.

Im Handelshafen oder im neuen Yachthafen von Ærøskøbing lohnt es sich, einige Tage zu verweilen, bevor man weiter nordwestlich über Søby und um Skjoldnæs herum nach Deutschland zurückfährt oder den Kurs über Marstal südöstlich um Ærø herum wählt. Sowohl Søby als auch Marstal haben inzwischen gut ausgebaute Yachthäfen aufzuweisen. Im großen Hafen von Marstal hat man die besten Chancen, einen Liegeplatz zu bekommen, und wer nicht fündig wird, kann auf die geschützte Ankerreede Lille Hav hinter dem Yachthafen ausweichen.

Die Steilküste im Süden Langelands *(oben links) ist ein guter Ansteuerungspunkt für Yachten, die, von See her kommend, nach Bagenkop wollen.*

Ristinge auf Langeland *(unten links) ist zwar sehr klein, doch der Hafen liegt am Rande eines moorigen Naturschutzgebietes, das einen Besuch wert ist.*

Im Lindelse Nor auf Langeland *(oben) finden Yachten mit geringem Tiefgang in ruhigen Buchten gut geschützte Ankerplätze. Rechts im Bild liegt die kleine Insel Langø.*

Der Fährhafen Bagenkop *(unten) im Süden Langelands hat einen rege besuchten Transit-Yachthafen. Eine große Steinmole hält den Seegang aus westlichen Richtungen ab.*

Rudkøbing auf Langeland *(rechts) hat einen Fähr-, Handels-, Fischerei- und Yachthafen, der sich im Norden (oben im Bild) befindet.*

Die Ostküste der Insel Strynø *(ganz rechts oben) ist von einem ausgedehnten Flach umgeben. Felder und Knicks bestimmen das Bild der Insel.*

Der Hafen von Strynø *(ganz rechts Mitte) liegt an einem Brückendamm, an dessen Kopf auch die Fähre anlegt. Das Dorf Strynø kann gut zu Fuß erreicht werden.*

Hjortø Havn *(ganz rechts unten) ist über eine Baggerrinne zu erreichen. Der Inselhafen wird gern von dänischen Yachten angelaufen.*

Die Insel Birkholm *(unten Mitte) mit ihrem kleinen Dorf ist der rechte Platz zum Ausspannen.*

Der Hafen von Birkholm *(unten links) ist in der Ferienzeit stets dicht mit Yachten belegt. Hier lassen sich Bootspäckchen nicht vermeiden.*

Vor der Kliffküste von Skoven *(oben), der Drejø vorgelagerten Halbinsel, findet man bei nordwestlichen Winden geschützte Ankerplätze.*

Drejø Havn *(ganz rechts oben) im Norden der Insel Drejø liegt in der Bucht Vigen und ist nur von kleineren Yachten mit geringem Tiefgang zu erreichen.*

Drejø Bro *im Südosten der Insel Drejø (ganz rechts unten) wurde zu einem kleinen Yachthafen ausgebaut, der auch von größeren Yachten angesteuert werden kann.*

Moore und Brachen auf Drejø *(unten) sind geschützt. Viele Vogelarten können hier beobachtet werden. Im Sommer ist das flache Seegebiet zwischen Drejø, Hjortø und Birkholm ein Rast- und Futterplatz der Zwergschwäne.*

Lilleø und Norreholm, *zwei Grasinseln (rechts), liegen in der weiträumigen Bucht von Ærøskøbing.*

Ærøskøbing *(ganz rechts oben) bietet Liegeplätze im neuen Yachthafen (links oben im Bild) sowie im alten Handelshafen, hier allerdings nur längsseits der Kaimauern.*

Im Kløven, *einem flachen Fjord in der Bucht von Ærøskøbing (ganz rechts unten), wurde die Kleinboot-Steganlage Strandby/Ommel gebaut.*

Søby auf Ærø *(unten) hat im Fähr-, Fischerei-, Werft- und Handelshafen einen abgeteilten Yachthafen, in dem man meistens einen freien Liegeplatz findet.*

LOLLAND UND DAS SMÅLANDS-FAHRWASSER

DIE INSELN AM FEMØ SUND

VOM NAKSKOV FJORD NACH FEMØ

Ist die Zeit so knapp bemessen, dass von Ærø aus der Rücktörn nach Deutschland angetreten werden muss, so sollten Sie für den nächsten Urlaub gleich einen Törn in den östlichen Teil der Dänischen Südsee einplanen. Denn hinter der großen Insel Lolland, die nur durch den schmalen Guldborgsund von der Insel Falster getrennt ist, verbergen sich im Smålands-Fahrwasser reizvolle Bauerninseln mit einem eigenständigen Charakter, die allemal einen Besuch wert sind.

Der schnellste Weg dorthin führt durch den Großen Belt, in dem auch ein reger Berufsschiffverkehr herrscht, fahren doch alle großen Personenfähren auf dieser Route nach Nordskandinavien. Zunächst bietet sich nach dem Queren der westlichen Ostsee ein ruhiger Ankerplatz an: Albuen. Viele Fahrtenskipper fahren allerdings an dieser abgeschiedenen Naturbucht am Eingang zum Nakskov Fjord vorbei, weil sie die Einsteuerung fürchten – und das zu Recht. Sie ist ziemlich schwierig, und auch in der Bucht selbst gibt es nur eine relativ schmale befahrbare Rinne. Für Boote mit einem Tiefgang über 1,70 m wird es hier kritisch. Wer das Einlaufen wagt, wird indessen mit einem der schönsten Ankerplätze in der „Dänischen Südsee" belohnt, und mancher Eigner eines flach gehenden Bootes hat hier den größten Teil seines Urlaubs verbracht.

Wer städtischen Trubel mag oder sich für den weiteren Törn verproviantieren möchte, wird weiter das Fahrwasser hinauf bis zum Handelshafen von Nakskov steuern, der größten Stadt Lollands. Der Charme, den viele Orte und Städte in der „Dänischen Südsee" ausstrahlen, fehlt Nakskov indessen – zumindest auf den ersten Blick, denn die Wasserfront wirkt mit ihren Werftanlagen, Silos und der belebten Uferstraße auf Sportboot-Fahrer wenig einladend. Doch wer durch die schmalen Gassen mit ihren restaurierten historischen Kaufmannshäusern zum Marktplatz schlendert, um der Backsteinkirche St. Nicolaj aus dem 13. Jahrhundert einen Besuch abzustatten, wird die ansprechende Seite Nakskovs entdecken.

Dem Lärm des Autoverkehrs kann man leicht entrinnen, indem man einen der kleinen Yachthäfen am Rande des Nakskov Fjords ansteuert, wie Hestehoved, Lindelse, Langø oder Tårs.

Für den weiteren Törn um die nordwestliche Inselhälfte Lollands herum in das Smålands-Fahrwasser sollten vor allem Kleinboot-Eigner auf eine ruhige Wetterlage warten, denn hier kann Rasmus das weite, seeartige Gewässer bei Starkwind schon kräftig aufrühren, und es gibt auf der Strecke zu den schutzbringenden Inseln Vejrø, Fejø und Femø nur einen Hafen: Onsevig. Ein Zwischenstopp lohnt

***Der Nakskov Fjord** (vorhergehende Doppelseite) mit seinen Inseln, Buchten und Häfen bietet Schutz bei jeder Wetterlage.*

hier allerdings auch bei guter Wetterlage, denn der kleine Seglerhafen vermittelt Ruhe und Urlaubsatmosphäre, wozu auch die zahlreichen Ferienhäuser in der Nachbarschaft des Hafens beitragen. Kleine Waldstücke, eingebettet zwischen Feldern und Uferwiesen, animieren zu erholsamen Spaziergängen.

Bereits bei der Ansteuerung Onsevigs heißt es, die Seekarte genau zu studieren, da sich zahlreiche Flachs, zum Teil mit großen Steinen besetzt, vor der Nordküste Lollands ausbreiten. Die Orte und Yachthäfen im Norden der Insel sind zum Teil nur über schmale Fahrrinnen zu erreichen, und das auch nur bei Tage. Für Sportboot-Skipper kann eine Einsteuerung in das Staldyb zwischen den kleinen Inseln Rågø, Skalø und Fejø nachts sehr riskant sein. Bei schönem Wetter lohnt indessen ein Abstecher zum neu erbauten Yachthafen von Kragenæs, der dem Fahrtenskipper allen Komfort bietet, den man von einer modernen Marina erwartet.

Von hier aus ist es nur ein kurzer Törn zu den Häfen der vorgelagerten Inseln Fejø, Femø, Vejrø und Askø: Sie bilden einen in sich geschlossenen Archipel mit einer fast morbiden Atmosphäre. Über die früher recht bedeutenden und lebhaften Bauerninseln ging die Zeit hinweg, ohne dass für die Modernisierung

Auf der Insel Slotø *im Nakskov Fjord sind noch Ruinen der ersten Flottenwerft Dänemarks, angelegt im Jahre 1509 von König Hans, sowie Reste der ehemaligen Befestigungsanlage Engelsborg vorhanden. Das Foto zeigt die Nordspitze Slotøs mit dem Anlegesteg für Besucherboote. Wer vor der Insel ankert, kann mit dem Beiboot an Land fahren.*

der Landwirtschaft und Infrastruktur viel getan wurde. Junge Leute zogen fort in die großen Städte, Höfe und Häuser verfielen, und einstmals blühende Felder wurden zu Naturbrachen. Wer heute über die Inseln wandert oder radelt, wird überwiegend ältere Leute oder Feriengäste antreffen, die hier Ruhe vom hektischen Alltag suchen und finden. Nicht wenige Dänen aus Kopenhagen und anderen Städten haben sich auf den Inseln ihre Sommerdomizile geschaffen.

Vejrø, einst eine Oase im Smålands-Fahrwasser mit einem kleinen Dorf, einer Schule und einem Friedhof, stand nach dem Fortzug des letzten Bewohners sogar komplett zum Verkauf. Heute wird die Insel wieder von zwei Familien bewirtschaftet, und ein Vorbesitzer ließ einen großzügigen Yachthafen anlegen, um den Tourismus anzukurbeln. Nachdem der Hafen, halb ausgebaut, einige Jahre lang zu verfallen drohte, wird er wieder unterhalten, und es lohnt, hier festzumachen. Auf ausgedehnten Spaziergängen über die abgeschiedene Insel Vejrø kann man erkennen, wie der Zahn der Zeit an den Häusern nagte, die alten Grabsteine auf dem Friedhof umstürzte und weite Flächen durch die Nichtnutzung in kleine Naturparadiese verwandelte.

Nachdem wir Fejø, Vejrø und Femø erkundet haben, können wir vor Erreichen des Guldborgsunds noch die beiden Handelshäfen Bandholm und Sakskøbing auf Lolland anlaufen, um beispielsweise den Proviant zu ergänzen. Bandholm mit seiner eher tristen Atmosphäre ist vor allem für die junge Bordcrew interessant, gibt es hier doch den größten Safaripark Dänemarks mit Tieren aus allen Erdteilen. Der Park gehört zu dem bekannten Schloss Knuthenborg.

Bei der Ansteuerung von Sakskøbing, einer typisch dänischen Kleinstadt, gilt es, den landschaftlich reizvollen Sakskøbing Fjord zu passieren, dessen zahlreiche Untiefen zur genauen Einhaltung der Fahrrinne zwingen.

Albue Havn *(oben) liegt in der gut geschützten Bucht Albuen am Langelands Belt und weist zwei Stege mit Liegeplätzen auf, die Motorboot- und Segelvereinen aus Nakskov gehören.*

Die Bucht von Albuen *(unten rechts) ist nur dicht unterhalb der östlichen Landspitze Sandodde mit einiger Vorsicht ansteuerbar.*

Der Yacht- und Fischereihafen Langø *(ganz links) am südlichen Ufer des Nakskov Fjords liegt gut geschützt vor dem gleichnamigen Fischerdorf, das durch die Fischerei im nahen Großen Belt zu einiger Bedeutung gelangte.*

dlg

Hestehoved im Nakskov Fjord *(oben) bietet sich für kleinere Yachten als Übernachtungshafen an, wenn man nicht im lauten Handelshafen von Nakskov verweilen möchte.*

In der Møllebugt *vor dem Handelshafen von Nakskov (unten) haben die örtlichen Sportboot-Vereine ihre Liegeplätze.*

Der Handelshafen von Nakskov *(links) ist sicher nicht für einen längeren Aufenthalt geeignet, doch kann man hier für einen Einkauf und einen Stadtbummel festmachen.*

Lindelse am Nakskov Fjord *(oben) kann nur von kleinen Sportbooten mit wenig Tiefgang angelaufen werden, die an der Brücke festmachen. Die übrigen Stege sind in Privatbesitz. Lindelse ist Feriengebiet und wartet mit Wanderwegen in der näheren Umgebung auf.*

Tårs auf Lolland *(unten) hat neben dem größeren Fährhafen (rechts oben im Bild) nur einen kleinen Fischerei- und Sportboothafen aufzuweisen, der Kleinbooten vorbehalten ist.*

Onsevig *im Nordwesten Lollands (rechts) ist über eine betonnte Fahrrinne vom Großen Belt her zu erreichen. Der ruhige Yachthafen liegt am Rande eines Feriengebietes mit fünf ausgewiesenen Wanderrouten. Die Nord- und Westmole sind der Berufsschifffahrt vorbehalten.*

Urne, *ein eher unscheinbarer Hafen an der Nordküste Lollands (ganz rechts), ist über einen Damm mit dem Festland verbunden. Von hier aus starten Kleinboote zu Angeltouren im Rågø Sund.*

Der Hafen von Kragenæs *(oben) wurde zur modernen Marina ausgebaut. Er gilt als Tor zu den „Perlen des Smålands-Fahrwassers", den Inseln Vejrø, Fejø und Femø. Das Forstgebiet Torrig Skov und die Hügellandschaft Ravnsby Bakker im Süden bieten lohnende Ausflugsziele.*

Blans Havn *(Mitte) in der Blansvig zählt zu den kleinsten Häfen am Rande des Smålands-Fahrwassers. Die schöne Umgebung und ein Besuch des idyllischen Dorfes Blans sind gute Gründe für einen Besuch.*

Bandholm Havn *(unten) wird von dem Gut Knuthenborg betrieben, dessen beliebter Safaripark an das Hafengelände angrenzt. Wer hier festmacht, kommt in erster Linie, um die vielen hundert Tiere aus aller Welt zu bestaunen. Der Ort Bandholm hat darüber hinaus nicht viel zu bieten.*

Der Sakskøbing Fjord *(oben) schneidet, einem Fluss gleich, vier Kilometer weit in die Parklandschaft West-Lollands. Eine schmale Fahrrinne führt zur Kleinstadt Sakskøbing (links im Bildhintergrund).*

Die Landzunge von Oreby *(rechts) ragt in den Sakskøbing Fjord und bietet einige Liegeplätze. Nahebei liegt das im niederländischen Rennaissance-Stil erbaute Schloss Oreby.*

Sakskøbing *(oben) ist eine Kleinstadt, die heute vor allem von der Zuckerindustrie profitiert. Der alte Handelshafen bietet Liegeplätze an den Kaianlagen. Zum Stadtzentrum mit guten Einkaufsmöglichkeiten ist es nicht weit.*

Der Yachthafen von Sakskøbing *bei Maltrup Vænge (links) liegt einige Gehminuten vor der Stadt an der schmalsten Stelle des Fjords. Es stehen allerdings nur wenige Gastplätze zur Verfügung, da hier die Mitglieder des örtlichen Segelclubs ihre Festplätze haben.*

***Der Guldborgsund** (links) zwischen Lolland und Falster verbindet das Smålands-Fahrwasser mit der südlichen Ostsee.*

***Vejrø,** die einsame Privatinsel im Smålands-Fahrwasser (oben), hält für Gäste Liegeplätze in zwei Hafenbecken bereit.*

***Vigsø,** am Eingang des Guldborgsunds, (Mitte) ist unbewohnt.*

***Der Leuchtturm auf Vejrø** (unten) warnt vor den Untiefen im südlichen Smålands-Fahrwasser.*

__Vesterby__ ist einer der beiden Häfen auf der Insel Fejø (ganz oben). Yachten sind jedoch besser im weiter östlich gelegenen Hafen Dybvig aufgehoben.

__Dybvig Havn__ auf Fejø (oben) bietet Liegeplätze hinter einer Schutzmole sowie im alten Fischerei-Innenhafen. Ein Bus verbindet den Hafen mit den anderen Inselteilen.

__Askø Havn__ auf der Insel Askø (rechts) wird nur selten von Gastyachten besucht. Die Insel lässt sich in wenigen Stunden umwandern.

Femø Havn *auf der Insel Femø (oben) ist bei deutschen und dänischen Fahrtenskippern gleichermaßen beliebt, zumal sich neben dem Hafen ein guter Badestrand erstreckt. Auf zahlreichen kleinen Wegen kann man die hüglige Ferien- und Bauerninsel per pedes oder mit dem Fahrrad erkunden.*

Lindholm *(links), die kleine Naturinsel zwischen Blans auf Lolland und der Insel Askø, ist unbewohnt und hat keinen Hafen. Östlich der Insel gibt es jedoch in Ufernähe guten Ankergrund.*

ZURÜCK DURCH DEN GULDBORGSUND

SCHÖN, ABER SCHWIERIG

des Rødsands zu dem idyllischen Hafen von Nysted auch nur bei ruhigem Wetter unternommen werden. Wer Falster auf östlichem Kurs umrunden oder in die Lübecker Bucht fahren will, wird zunächst Gedser ansteuern. Die neue Gedser Marina bietet Ruhe und Komfort. Beides vermisste man früher in dem kombinierten Yacht- und Fährhafen von Gedser, und so ist dort auch nur ein kurzer Transit-Stopp empfehlenswert.

Der Hafen von Nysted auf Lolland liegt in einer gut geschützten Bucht vor dem Uferpanorama des beschaulichen Dorfes. Über den flachen Hausgiebeln erhebt sich der Turm der gotischen Backsteinkirche, und am gegenüberliegenden Ufer fällt der Blick auf die wohl größte Sehenswürdigkeit Lollands, das mächtige Wasserschloss Ålholm.

Auch diese Burg, deren Ursprung im 10. Jahrhundert liegen soll, wurde zum Schutz gegen die Wenden erbaut. Ab dem 14. Jahrhundert diente Ålholm als Sitz der dänischen Könige. 1725 wurde es an das deutschstämmige Adelsgeschlecht Raben-Levetzau verkauft. In neuerer Zeit ist das Schloss durch seine Veteranenbahn, die vom Schlosspark zu den Badestränden fährt, eine Touristenattraktion geworden, und auch das Automuseum im nahen Stubberupgård zieht zahlreiche Besucher an.

Wenn nicht von Nystedt aus direkt Fehmarn und die Lübecker Bucht angesteuert werden soll, bietet sich als Zwischenstopp auf dem Weg zur Kieler Bucht der Fährhafen von Rødby an. Rødby Havn ist bei Familiencrews hauptsächlich aufgrund des nahen Freizeitzentrums „Lalandia" beliebt, dem größten Spaß- und Erlebnisbad Nordeuropas.

Und damit haben Sie fast alle Häfen und Inseln der „Dänischen Südsee" kennen gelernt – bei hoffentlich ähnlich schönem Wetter, wie es bei den Fotoaufnahmen zu diesem Bildband herrschte.

Stromverhältnisse im Guldborgsund

Die Strömung orientiert sich an den Gezeiten und setzt nord- oder südwärts mit selten mehr als 2 kn. Starker Wind aus SE bis SW kann jedoch anhaltenden nordsetzenden Strom mit bis zu 5 kn an den schmalen Stellen des Sunds verursachen. Starker Wind aus NW bis NE bewirkt südsetzenden Strom mit ähnlichen Geschwindigkeiten.

***Toreby Havn** liegt gegenüber von Nykøbing. Hier hat der Toreby Sejlklub seine Liegeplätze. Der Weg nach Nykøbing ist weit und führt über die Brücke.*

Nykøbing *(oben) mit der Kong-Frederik-IX.-Bro von Süden gesehen. Hinter der Klappbrücke links liegt Toreby Havn, gegenüber der Fischerei- und Yachthafen. Rechts im Vordergrund die Steganlage der Lergravsbroen.*

Der Nykøbing-Fischerei- und Yachthafen *(unten links) wurde durch eine Mole besser geschützt. Der Platz im Yachthafen (links im Bild) ist allerdings begrenzt. Größere Yachten machen hinter der Außenmole oder an den Stegen des Segelclubs fest. Die Kaianlage (rechts im Bild) ist der Berufsschifffahrt vorbehalten.*

Der Yachthafen von Gedser *(oben rechts) ist eine moderne Marina mit guter Infrastruktur. Für Gastyachten stehen zahlreiche Liegeplätze bereit.*

Die Steganlage Lergravsbroen *(unten rechts) bietet an der Außenseite der Brücke auch größeren Yachten Platz, die hier allerdings relativ ungeschützt liegen. Ins Zentrum von Nykøbing muss man einen längeren Fußmarsch bewältigen.*

Der Guldborgsund, *von Süden gesehen. Im Vordergrund liegt die kleine Insel Kalvø. Hier öffnet sich der Sund zur großen Breite, Bredningen genannt. Im Hintergrund rechts ist die Stadt Nykøbing auf Falster zu erkennen. Links vom Sund liegt Lolland. Das Fahrwasser führt rechts im Bild an Kalvø vorbei.*

Die Bucht von Nysted *(links) ist zum größten Teil flach. Eine betonnte Rinne führt zum Yachthafen von Nysted. Von hier aus sind es nur einige Minuten Fußweg zum Wasserschloss Ålholm, dessen Anlagen links am Rande der Bucht zu erkennen sind. Es diente lange Jahre als Sitz der dänischen Könige und ist einen Besuch wert.*

Der Yachthafen von Nysted *(oben) ist stets dicht mit Sportbooten belegt. Die angrenzende Hafenstadt lädt mit ihren schönen Häusern, die sich um die Backsteinkirche gruppieren, zum Bummeln ein. Empfohlen wird ein Blick vom alten Wasserturm, der zu einem Aussichtsturm mit Ausstellungsstätte umgebaut wurde.*

Der Kleinboothafen von Stubberup *(vorhergehende Doppelseite) auf Lolland liegt westlich von Nysted und ist nur mit geringem Tiefgang ansteuerbar.*

Die Landzunge Drummeholm *auf Lolland (oben) mit dem Leuchtturm Hillekrog ist Teil der 13 sm langen Barre Rødsand, die sich vor Nysted und dem Guldborgsund bis Gedser Odde erstreckt.*

Rødbyhavn *auf Lolland (unten) ist Fährhafen der Vogelfluglinie. Das Anlaufen des typischen Transithafens lohnt vor allem wegen des nahen Freizeitzentrums „Lalandia".*

In Kramnitse *(ganz rechts) an der Südküste Lollands ist ein kleiner Yachthafen im Ausfluss des Noores entstanden, der nur von Booten mit wenig Tiefgang angelaufen werden kann. Die Einfahrt neigt zur Versandung.*

REGISTER

schwarze Ziffer = Textseite
blaue Ziffer = Bildseite

JYLLAND
Skærbæk
Middelfart
Kolding
Fænø
Gamborg
Brandsø
Hejlsminde
Bågø
FYN
Årø
Assens
Haderslev
Årøsund
Torøhuse
Bunshuse
Faldsled
Helnæs
Sønderballe
KLEINER BELT
Lunde
Kalvø
Barsø
Bøjden
Fåborg
Dyreborg
Fjællebroen
Svendbor
Dyvig
Bjørnø
Rantzausminde
Lyø
Aabenraa
Mjels
Vindeby
Troense
Als Fjord
Avernakø
ALS
TÅSINGE
Fynshav
Skårø
DÄNEMARK
Vemmenæs
Søby
Drejø
Hjortø
Augustenborg
Gråsten
Birkholm
Mommark
Egernsund
Høruphav
Ærøskøbing
Strynø
Sønderborg
ÆRØ
Marstal
Kegnæs
Flensburger Förde
Ristinge
Geltinger Bucht
Marstal Bugt
Flensburg
Bagenkop
DEUTSCHLAND